Andre Rott

Professionelles Fussballtraining
20 Trainingsübungen der Profitrainer – Teil 3
- Eine Analyse von Trainingseinheiten professioneller Fußballtrainer -

Herausgeber
Andre Rott
1. Auflage, Februar 2020

Grafiken
Easy-Sports-Graphics

bekannt von der Facebook-Seite

Fußballtraining TV

Inhaltsverzeichnis

1. Einleitung

Das Hauptziel eines jeden Trainers ist eine abwechslungsreiche und professionelle Trainingsgestaltung. Deshalb ist es wichtig, die begrenzte Trainingszeit mit professionellen Trainingsübungen zu füllen, die die taktischen, technischen und konditionellen Voraussetzungen fördern. Egal ob im Kinder-, Jugend- oder Herrenbereich und unabhängig von der Spielklasse motiviert eine abwechslungsreiche Trainingsgestaltung die Spieler, denn es gibt nichts Schlimmeres als eine monotone und langweilig geplante Trainingseinheit. Dieses Praxisbuch bietet jedem Trainer eine Sammlung der 20 beliebtesten Trainingsübungen der Profitrainer, welche aus Analysen von Trainingseinheiten internationaler Proficlubs (Real Madrid, Tottenham Hotspur, Manchester United, Manchester City, FC Liverpool, RB Leipzip, PSG, FC Schalke 04, Englische Nationalmannschaft, uvm.) entstanden. Das Buch ist in 5 Kapitel unterteilt, welche Trainingsübungen mit technische, taktische und konditionelle Schwerpunkten von Profitrainer, wie Jürgen Klopp, Pep Guardiola, Diego Simeone, Julian Nagelsmann, Thomas Tuchel, Mauricio Pochettino beinhalten. Das Geheimrezept für jede Trainingseinheit ist Spaß und Leistung miteinander zu verbinden!

Viel Spaß beim Trainieren!

2. Fußballtraining TV

Einige Videos zu den Übungen dieses Buchs sind auf der Facebook-Seite Fußballtraining TV zu finden. Fußballtraining TV ist eine Plattform, die fast täglich neue interessante Bilder, Grafiken, Berichte und Videos für Trainer kostenlos zur Verfügung stellt. Hauptbestandteil dieser Plattform sind Trainingsvideos mit Spiel- und Übungsformen von bekannten Proficlubs. Dabei werden jedem Trainer eine Menge Eindrücke und Weiterbildungsmöglichkeiten sowie Analysen, die eine neue Sichtweise auf den Fußball geben, geboten. Fußballtraining TV ist für jeden Trainer in jeder Altersgruppe geeignet. Auch aktive Spieler können sich durch die Beiträge, insbesondere im taktischen Bereich, verbessern. Zur Zeit zählt die Seite über 7000 Abonnenten und die Beiträge erreichen bis zu 200 000 Personen pro Post.

Hier geht's zur Fußballtraining TV Facebook-Seite
https://www.facebook.com/Fu%C3%9Fballtraining-TV-768106276697357/

Fußballtraining TV

3. Tipps

Zusatzaufgabe

Nach dem Wettkampf macht das Verlierer-Team eine Zusatzaufgabe! Dabei ist es wichtig, dass die Zusatzaufgabe vor Beginn der Übung vom Trainer bekannt gegeben wird. Es ist sinnvoll die Spieler die Verlierer-Aufgaben vor dem Wettkampf selbst ausdenken zulassen.

Mögliche Zusatzaufgaben:
- Kräftigungsübungen (Burpees, Liegestütz, usw.) oder Sprints
- Abbauen und Aufräumen der Trainingsmaterialien
- Geldbetrag in die Mannschaftskasse (Seniorenbereich)
- Säubern der Fußballschuhe des Gewinner-Teams

Bestrafungen motivieren zusätzlich, nicht zu verlieren und sorgen für vollste Konzentration bei den Spielern.

Zwischenstand

Der Trainer kann durch das laute Zählen der Tore zusätzlich den Ehrgeiz der Spieler fördern. Es ist wichtig, dass die Tore entweder vom Trainer oder einem der Spieler laut mitgezählt werden.

Geeignete Gruppengröße wählen

Die Gruppengröße der verschiedenen Teams sollte so angepasst werden, das jedem Spieler eine hohe Wiederholungszahl der Übungen ermöglicht wird. Langes Anstehen demotiviert die Spieler, langweilt sie und verleitet sie - insbesondere im Kinderbereich - zu Dummheiten. Die Devise lautet: „Lieber mehrere Kleingruppen anstelle weniger größerer Gruppen mit zu hoher Spieleranzahl."

Ausreichend Bälle

Während einer Übung sollten ausreichend Bälle zur Verfügung stehen, so dass gewährleistet werden kann, dass die Übung nicht unterbrochen und der Übungsfluss nicht gestört wird.

Übungsschwierigkeit

Die Übung sollte durch den Übungsaufbau und Zusatzregeln dem Leistungsstand der Spieler angepasst werden. Zu schwierige oder zu einfache Übungen wirken demotivierend. Demzufolge gilt es zu beachten, dass die Übungen des Buches, welche von Profitrainern gestaltet wurden, nicht eins-zu-eins auf die eigene Mannschaft übertragen werden können. So ist es beispielsweise möglich, den Abstand des Zieltores zur Schussgrenze zu verringern oder zu vergrößern.

Jugendtore als Fangnetz

Um keine wertvolle Trainingszeit mit dem Holen von Bällen zu vergeuden, ist es sinnvoll beim Schießen auf die Minitore, größere Tore (z.B. Jugendtore) hinter den Minitoren zu platzieren, die als Fangnetze für die verfehlten Bälle dienen.

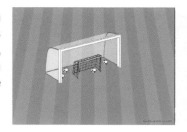

4. Zeichenerklärung

Zeichenerklärung

Weg des Balles nach einem Pass oder Torschuss: ⟶

Laufweg: ⇢

Laufweg mit Ball. Dribbling, Ballan- und mitnahme oder Finte: ∿⟶

Positionswechsel: ⇢

Bogenförmiger Weg des Balles nach einer Flanke oder einem Einwurf: ⟶

Abstand: •—•

5. Aufwärmen

Warm-Up	FC Chelsea
Organisation: - 1 Starthütchen - 6 Spieler - 3 Stangen - 2 Hütchentore (rot & orange) - 2 gelbe Hütchen (Lauf-ABC-Strecke) - 1 Trainer mit Ball - Jeder Spieler hat einen Ball - 2 Felder gemäß der Abbildung aufbauen.	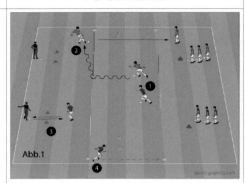 Abb.1

Ablauf:
- Die Spieler stellen sich am blauen Starthütchen auf.
- ❶ Daraufhin dribbelt der Spieler um die gelben Stangen und ❷ passt den Ball durch das orangene Hütchentor zu einem wartenden Spieler.
- ❸ anschließend läuft er zum roten Hütchentor und spielt einen Doppelpass mit dem Trainer.
- ❹ Nachdem er den Doppelpass gespielt hat, läuft er zum gelben Hütchen. Innerhalb der zwei gelben Hütchen macht der Spieler eine Übung aus dem Lauf-ABC (bspw. Kniehebe-Lauf, Anversen, usw.).
- Zum Schluss stellt er sich am Ende des orangenen Hütchentores auf und bekommt einen Ball zugepasst (siehe ❷). Danach stellt der Spieler sich wieder am Starthütchen an.

Variation:
- Gelbe Strecke als Sprintstrecke (lediglich im erwärmten Zustand!)
- Spieler von Team Rot & Team Blau durchlaufen den Parcours als Schnelligkeits-Wettbewerb.

Coachingpunkte:
- Ballführung
- Saubere technische Ausführung beachten.

Balldieb	**Englische Nationalmannschaft**

Organisation:
- 1 Feld mit 4 Hütchen erreichten
- 12 blaue Spieler
- 2 rote Spieler (Fänger)
- 12 Bälle

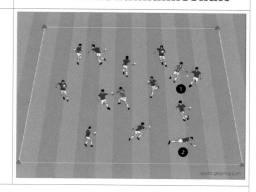

Ablauf:
- Jeder Spieler positioniert sich im Feld.
- Die blauen Spieler besitzen einen Ball, den sie mit einer flachen Hand festhalten.
- Nach dem Startsignal versuchen ❶ die roten Spieler (Fänger) die Bälle der blauen Spieler auf den Boden zu befördern.
- ❷ Landet der Ball eines blauen Spielers auf dem Boden, macht er 10 Liegestütze.
- Bewegt sich ein blauer Spieler außerhalb des Spielfelds, macht er ebenfalls 10 Liegestütze.
- Die roten Spieler werden nach 2 Minuten ausgetauscht.

Variation:
- Gelingt es einem roten Spiel einen Ball auf den Boden zu befördern, wird dieser zum blauen Spieler und der blaue Spieler wird zum Fänger.
- Die blauen Spieler führen den Ball mit dem Fuß. Die roten Spieler versuchen diesen aus dem Feld spielen.

Coachingpunkte:
- Körper zwischen Ball und Gegenspieler stellen.
- Orientierung im Raum

Koordination	FC Bayern München

Organisation:
- 2 Gruppen einteilen
- 2 Parcours gemäß der Abbildung errichten. Pro Parcours:
    - 1 Starthütchen
    - 3 Stangen
    - 4 Hürden
    - 4 Hütchen
    - 1 Koordinationsleiter

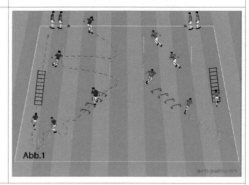

Abb.1

Ablauf:
- Beide Gruppen starten gleichzeitig am blauen Starthütchen.
- Anschließend werden die gelben Stangen umkurvt.
- Daraufhin werden die Hürden mit einem Kniehebe-Lauf überwunden.
- Es folgt ein Slalom-Dribbling zwischen den Hütchen.
- Abschließend wird die Koordinationsleiter durchlaufen.

Variation:
- Parcours mit Ball am Fuß durchlaufen
- Verschiedene Laufformen bei der Koordinationsleiter vorgeben.
- Parcours im Wettlauf durchlaufen (lediglich im aufgewärmten Zustand!)

Coachingpunkte:
- Saubere ausführen achten.
- Intensität langsam steigern. Verletzungen vermeiden.

6. Passübung

Wagner Passübung	FC Schalke 04
Organisation: - 16 Spieler - 8 Dummys - 2 Bälle	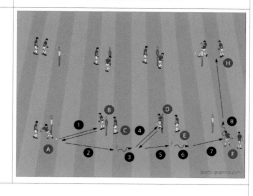

Ablauf:
- Die Übung startet parallel bei Spieler A & Spieler H.
- ❶ Spieler A passt den Ball zu Spieler B. Dieser lässt den Ball zurückklatschen.
- ❷ Spieler A passt den Ball zu Spieler C, der sich zuvor im Rücken des Dummys freigelaufen hat.
- ❸ Spieler C dreht sich auf und ❹ spielt einen Pass zu Spieler D, der den Ball zurückklatschen lässt.
- ❺ Spieler C passt den Ball zu Spieler E, der sich zuvor im Rücken des Dummys freigelaufen hat.
- ❻ Spieler E dreht sich auf und ❼ spielt einen Pass zu Spieler F, der sich im Rücken den Dummys freiläuft.
- ❽ Spieler F nimmt den Ball mit dem ersten Kontakt in Richtung Spieler H mit und passt den Ball zu Spieler H.
- Positionswechsel: A → B → C → D → E → F → H

Variation:
- Mit zwei Pflichtkontakten spielen.
Zwei-Kontakte-Prinzip. Jeder Spieler nimmt den Ball mit dem ersten Kontakt in die Bewegung mit und passt anschließend einen sauberen Pass zum Mitspieler.
Es gilt: „Lieber ein Ballkontakt mehr, anstelle eines schlampigen Direktpasses."

Coachingpunkte:
- Deckungsschatten lösen
- Timing in der Freilaufbewegung
- Kommandos einfordern (Klatsch, Dreh)
- Vororientierung durch Schulterblick
- Passende Passstärke wählen.
- Ballan- & mitnahme in die Bewegung → Erster Kontakt in Spielrichtung.

Y-Form	FC Bayern München

Organisation:
- 1 Starthütchen
- 3 Dummys
- 2 Stangen
- 1 Minitor
- 6 Spieler
- 3 Bälle

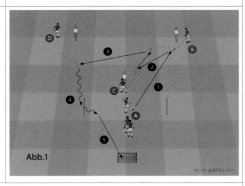

Abb.1

Ablauf:
- ❶ Spieler A startet am blauen Starthütchen, indem er einen Pass auf Spieler B spielt.
- ❷ Spieler B geht dem Ball entgegen und spielt einen Doppelpass mit Spieler C prallen.
- ❸ Spieler C passt den Ball in den Lauf von Spieler D.
- ❹ Spieler D nimmt den Ball mit dem ersten Kontakt in Spielrichtung mit dribbelt zur blauen Stange und umspielt diese mit einer Finte.
- ❺ Anschließend erfolgt ein Abschluss von Spieler D ins Minitor.
- Positionswechsel: Spieler A → C → B → D → A

Variation:
- Mit zwei Pflichtkontakten spielen.
Zwei-Kontakte-Prinzip. Jeder Spieler nimmt den Ball mit dem ersten Kontakt in die Bewegung mit und passt anschließend einen sauberen Pass zum Mitspieler. Es gilt: „Lieber ein Ballkontakt mehr, anstelle eines schlampigen Direktpasses."
- Finten variieren

Coachingpunkte:
- Passende Passstärke wählen.
- Pass in den Lauf des Mitspielers.
- Ballan- & mitnahme in die Bewegung. Erster Kontakt in Spielrichtung.
- Kommandos einfordern (Klatsch, Dreh)
- Timing in der Freilaufbewegung

7. Schnelligkeitsübungen

Pantomime	Englische Nationalmannschaft

Organisation:
- 3 Starthütchen
- 3 Gruppen à 4 Spieler einteilen.
- 4 Stangen, Viereck errichten.
- 2 rote Stangen als Ziellinie

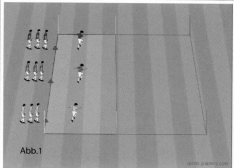

Abb.1

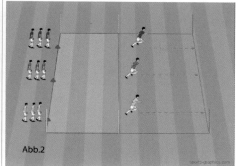

Abb.2

Ablauf:
- Die ersten Spieler jeder Gruppe positionieren sich am Starthütchen.
- Spieler Rot gibt die Bewegung bis zur Ende des gelben Felds vor. Spieler Gelb und Blau imitieren die Bewegung des roten Spielers (Abb.1).
- Auf der Höhe der mittleren gelben Stange erfolgt ein Sprint bis zur Höhe der roten Stangen (Abb.2).

Coachingpunkte:
- Jeder Sprint muss in maximaler Intensität durchgeführt werden.
- Ausschließlich im aufgewärmten, ermüdungsfreien und erholten Zustand trainieren.
- Nach jedem Sprint erfolgt eine vollständige Erholung (Bei einem Puls von 90).

Variation:
- Der Trainer gibt die Bewegungen innerhalb des gelben Feldes vor.
- Sprintstrecke variieren (5 – 15 Meter).

Vier Farben	VFB Stuttgart U19

Organisation:
- 2 Teams einteilen.
- 2 Starthütchen
- 4 rote, gelbe, weiße & blaue Hütchen
- 2 Bälle
- 2 Stangen

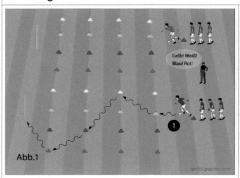
Abb.1

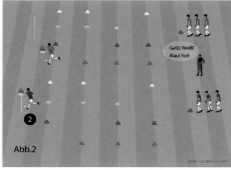
Abb.2

Ablauf:
- Die ersten Spieler von Team Rot und Blau positionieren sich am Starthütchen.
- Das Startsignal erfolgt durch das Nennen von 4 Farben (bspw. Gelb!, Weiß!, Blau!, Rot!) des Trainers (Abb.1).
- ❶ Beide Spieler sammeln die Hütchen in der genannten Reihenfolge (bspw. Gelb!, Weiß!, Blau!, Rot!) ein.
    1. Gelb = Erste Reihe gelbes Hütchen.
    2. Weiß = Zweite Reihe weißes Hütchen.
    3. Blau = Dritte Reihe blaues Hütchen.
    4. Rot = Vierte Reihe rotes Hütchen.
- ❷ Der Spieler, der zuerst am Ziel die gewünschten Hütchen (in der richtigen Reihenfolge) über die Stange gesteckt hat, bekommt einen Punkt.
- Nachdem alle Spieler eines Teams einen Durchgang absolviert haben, werden die Punkte innerhalb des Teams addiert. Das Team mit den meisten Punkten gewinnt.
- Das Verlierer-Team macht eine Zusatzaufgabe.

Coachingpunkte:
- Wahrnehmungs- und Reaktionsschnelligkeit: Schnelles Wahrnehmen und Reagieren.
Variation:
- Abstände zwischen den Hütchenreihen variieren.
- Wettbewerb ohne Ball durchführen. (Sprint mit 100% Anstrengungsbereitschaft)

Kopfball-Schnelligkeit	FC Valencia

Organisation:
- 2 Teams einteilen.
- 2 Starthütchen
- 4 Hürden
- 6 Reifen
- 2 Abschlussgrenzen errichten
- ausreichend Bälle bereitstellen
- 2 Jugendtore inkl. Torhüter

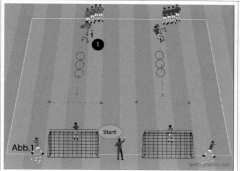 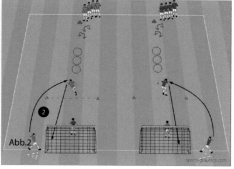

Ablauf:
- Die ersten Spieler von Team Rot und Blau positionieren sich am Starthütchen.
- Das Startsignal erfolgt durch ein Handzeichen des Trainers (Abb.1).
- ❶ Die Spieler durchlaufen den Parcours bestehend aus Hürden und Reifen.
- ❷ An der Abschlussgrenze angelangt bekommen die Spieler einen Einwurf zugeworfen, den sie versuchen per Kopfball im Tor unterzubringen.
- Der Spieler, der zuerst ein Tor erzielt gewinnt.
- Erzielen beide Spieler kein Tor, gewinnt der Spieler, der zuerst den Ball geköpft hat.

Coachingpunkte:
- „Köpfe den Ball dahin, wo er herkommt".
- „Köpfe den Ball in Richtung Boden, dann kann er nicht übers Tor fliegen."

Variation:
- Der Abschluss erfolgt mit dem Fuß per Direktabnahme.
- Abstand der Abschlussgrenze variieren.

Torschuss-Parcours	Juventus Turin

Organisation:
- 6 Stationen gemäß der Abbildung errichten.

- 1 Starthütchen	- 4 Markierungsteller
- 2 Tore	- 4 Reifen
- 2 Minitore	- 3 Hütchen
- 5 gelbe & rote Stangen	- Ziellinie (2 Stangen)
- 5 Bälle	- 3 Hürden

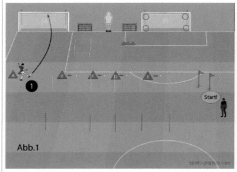

Abb.1

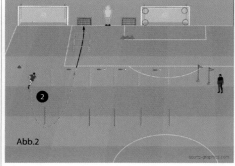

Abb.2

Ablauf:
- ❶ Die Spieler starten am Starthütchen mit Station A. Anschließend durchläuft er der Reihe nach Station A bis E.
    - Station A: Lattenschießen
    - Station B: Ball durch die 3 Hürden ins Tor spielen
    - Station C: Dummy abschießen
    - Station D: Ball über die Hütchen ins Tor spielen
    - Station E: Schuss in einen der Reifen
- Bei erfolgreicher Durchführung erfolgt ein Sprint um die gelbe Stange auf dem Weg zur nächsten Station.
- ❷ Bei nicht erfolgreicher Durchführung erfolgt ein Sprint um die rote Stange.
- Das Startsignal erfolgt durch ein Kommando des Trainers. Dieser stoppt die Zeit bis zur Zielerreichung.
- Die Spieler treten nacheinander im Wettbewerb an.

Coachingpunkte:
- Sprint mit 100% Anstrengungsbereitschaft
- Ausschließlich im ermüdungsfreien Zustand trainieren.

Variation:
- Stationen variieren

8. Torschussübungen

Torschuss-Nagelsmann	RB Leipzig

Organisation:
- 3 Stangen
- Spieler gleichmäßig auf die 3 Stangen aufteilen.
- 2 Starthütchen
- Ausreichend Bälle bereitstellen
- 1 Dummy
- 1 Tor inkl. Torhüter

Abb.1

Abb.2

Ablauf:
- Die Übung startet mit einem Pass in den Lauf von Spieler A.
- Zeitgleich startet Spieler B einen Tempolauf in den Rücken der Abwehr.
- Spieler A passt den Ball (mit dem zweiten Kontakt) zwischen Dummy und Tor in den Lauf von Spieler B.
- Dieser versucht den Ball (möglichst) mit dem ersten Kontakt im Tor unterzubringen.
- Anschließend erfolgt die selbe Übung von der anderen Seite.

Coachingpunkte:
- Scharfe Pässe in den Rücken der Abwehr.
- Tempoläufe in den Rücken der Abwehr.
- Zwei-Kontakte Prinzip
- Erster Ballkontakt in Spielrichtung
- Torabschlüsse im Strafraum möglichst direkt.

Volley-Torwart-Challenge	**Manchester City**

Organisation:
- 10 Spieler
- 1 Tor inkl. Torhüter
- 2 Starthütchen
- 1 Abschlusszone errichten (2 rote Hütchen)
- gelbes Hütchen
- ausreichend Bälle

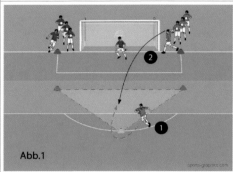

Abb.1

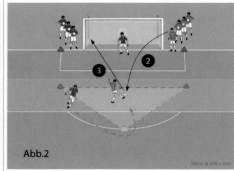

Abb.2

Ablauf:
- Die Spieler positionieren sich am Starthütchen. Das rote & blaue Team spielen im Wettbewerb gegeneinander.
- Ein blauer Spieler positioniert sich im Tor.
- ❶ Die Übung startet, indem der rote Spieler (vorbei am roten Hütchen) um das gelbe Hütchen in Richtung Schussgrenze sprintet.
- ❷ Zeitgleich wirft ein roter Spieler neben dem Tor den Ball so zum einlaufenden roten Spieler, ❸ dass dieser ihn per Direktabnahme auf das Tor bringen kann.
- Anschließend wird der rote Spieler zum Torhüter.
- Daraufhin erfolgt der gleiche Durchgang mit Team Blau. Sobald der rote Spieler am gelben Hütchen angekommen ist, startet sofort der blaue Spieler mit dem nächsten Durchgang.
- Die Direktabnahme aufs Tor erfolgt vor der Schussgrenze, ansonsten wird der Treffer nicht gezählt. Zudem darf der eingeworfene Ball vor der Direktabnahme nicht den Boden berühren.
- Die Mannschaft, die zuerst 10 Tore erzielt gewinnt einen Satz. Die Mannschaft, die zuerst 3 Sätze für sich entscheidet gewinnt das Spiel.
- Nach jedem Satz werden die Seiten gewechselt.

Coachingpunkte:
- Abschluss im Strafraum per Direktabnahme
- Platzierter Abschluss ins Eck mit der Innenseite (größere Berührungsfläche zwischen Ball und Fuß als beim Spannstoß)

Variation:
- Jugendtor verwenden
- Schussgrenze variieren
- Abschluss erfolgt per Kopfball

2 vs. 1 / 2 vs.2 (Nagelsmann)	RB Leipzig

Organisation:
- 2 Teams à 2 Spieler einteilen.
- 4 Dummys
- 1 x Tore inkl. Torhüter
- 1 Ball
- 4 rote Hütchen als Feldmarkierung
- Übung gemäß der Abbildung aufbauen.

Abb.1

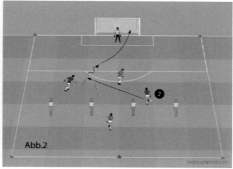

Abb.2

Ablauf:
- ❶ Die Trainingsform startet mit einem „Fehlpass" von Spieler rot zu Spieler blau.
- ❷ Der blaue Spieler dreht sich auf und es kommt zur kurzzeitigen 2 vs. 1 Situation. Der rote Spieler, der den „Fehlpass" gespielt hat, sprintet zurück, um eine 2 vs. 2 Situation herzustellen.
- Die beiden blauen Spieler versuchen die Überzahlsituation auszunutzen, indem sie schnell zum Torabschluss kommen.
- Es wird mit Abseits gespielt.

Coachingpunkte:
- Offene Stellung
- Vororientierung
- Erster Ballkontakt in Spielrichtung
- Pässe und Abschlüsse unter Zeitdruck
- Timing der Freilaufbewegung
- Läufe in den Rücken der Abwehr
- Gegenspieler binden

Variation:
- 1 Minitor als Kontertor (für das verteidigende rote Team) am Starthütchen errichten.
- Wird kein Tor erzielt, wechseln die Teams die Aufgaben (Angriff <=> Abwehr).

Chip-Steil-Klatsch	RB Leipzig

Organisation:
- 2 Team à 5 Spieler einteilen
- 2 x Tore inkl. Torhüter aufstellen
- 1 Starthütchen
- 4 Hütchen als Feldmarkierung
- Ausreichend Bälle bereitstellen.

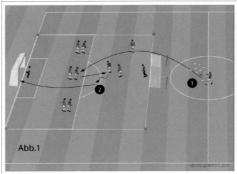

Abb.1

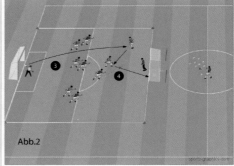

Abb.2

Ablauf:
- ❶ Der blaue Spieler am roten Hütchen eröffnet die Spielform mit einem Chipball auf einen der drei blauen Stürmer.
- ❷ Daraufhin wird der Chip auf den spieloffenen blauen Spieler klatschen lassen. Dieser nimmt den Ball mit dem ersten Kontakt in Spielrichtung mit und schießt mit dem zweiten Kontakt aufs Tor. Bei Torerfolg wird erneut von ❶ gestartet.
- Wird kein Tor erzielt ❸ eröffnet der Torhüter einen Konter über einen der beiden roten Stürmer.
- ❹ Daraufhin versucht Team Rot ein Tor zu erzielen und Team Blau versucht dies zu verhindern.

Coachingpunkte:
- Präzise Pässe
- Passschärfe beachten
- Timing der Freilaufbewegung
- Prinzip Julian Nagelsmann: „Der spieloffene Spieler bekommt den Ball." (Steil-Klatsch)
- Schnelles Umschalten
-- Beim „Chip-Ball", versucht der Spieler den Spann unter den Ball zu ziehen.

Variation:
- Spielfeld vergrößern.

Torschuss-Umschalten	FC Schalke 04

Organisation:
- 2 Teams à 6 Spieler einteilen.
- 2 Tore inkl. Torhüter
- 2 Starthütchen
- 12 Bälle

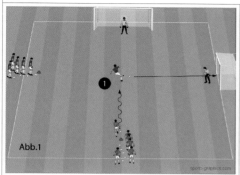

Abb.1

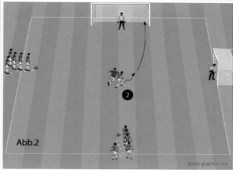

Abb.2

Ablauf:
- ❶ Die Übung beginnt durch ein Dribbling mit anschließendem Torschuss von Spieler Blau.
- Direkt nach dem Torschuss startet Spieler Rot und versucht ein Tor zu erzielen.
❷ Zeitgleich versucht der blaue Spieler schnellstmöglich auf Defensive umzuschalten und versucht den roten Spieler am Torschuss zu hindern.
- Der Ablauf der Wettkampfform wird solange wiederholt bis eines der beiden Teams 10 Tore erzielt hat.

Coachingpunkte:
- Schnelles Umschalten
- Schneller Torabschluss
- Tempodribbling

Mourinho-Shooting	**Tottenham Hotspur**
Organisation: - 2 Teams à 4 Spieler einteilen. - 2 Starthütchen - 2 x Farben-Vierecke - 1 x rotes, gelbes, blaues & weißes Hütchen - 2 Minitore - 6 Dummys - Ausreichend Bälle bereitstellen	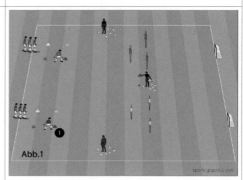 Abb.1

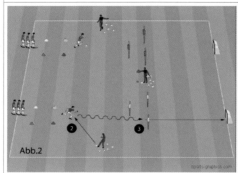
Abb.2

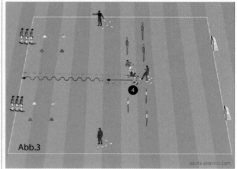
Abb.3

Ablauf:
- ❶ Der Trainer gibt das Startsignal, indem er eines der vier Hütchen in die Luft streckt. Daraufhin sprinten die beiden Spieler von Team Blau und Rot zu der gewünschten Hütchenfarbe.
- ❷ Anschließend bekommen die Spieler einen Ball zugespielt. Mit diesem dribbeln sie in Richtung Dummys.
- ❸ Auf der Höhe der Dummys erfolgt ein Abschluss auf die Minitore. Der Spieler, der zuerst ein Tor erzielt, der bekommt einen Punkt.
- ❹ Nach dem Torschuss treffen sich beide Spieler auf der Höhe des Trainers. Dieser spielt einen Pass zwischen beiden Spielern hindurch. Die Spieler versuchen mit dem Ball über die weiße Ziellinie zu dribbeln. Der Spieler ohne Ball versucht den Ball zu erobern. Dem Spieler, dem es gelingt über die weiße Linie zu dribbeln bekommt wiederum einen Punkt.
- Am Ende macht jeder Spieler 10 Liegestütze pro Punkt seines Gegners.

Coachingpunkte:
- Torschüsse unter Zeitdruck
- Wahrnehmungs- & Reaktionsschnelligkeit
- Tempodribbling und Ballhaltendes Dribbling unter Gegnerdruck
Variation:
- Tore inkl. Torhüter anstelle der Minitore

Guardiola-Koordination-Torschuss	Manchester City

Organisation:
- 1 Tore inkl. Torhüter
- 4 Dummys
- 2 Trainer
- 8 Spieler
- Ausreichend Bälle zur Verfügung stellen.
- 1 Starthütchen
- 3 Hürden
- 3 Stangen
- 2 rote Hütchen
- 4 Reifen

Abb.1

Ablauf:
- ❶ Die Spieler sprinten vom ersten roten Hütchen zum zweiten roten Hütchen. Hierbei haben sie ein Seil um den Körper, das der Hintermann festhält und ein Gegengewicht für den Sprinter darstellt. Im Anschluss durchläuft er die Hürden und Reifen.
- ❷ Daraufhin bekommt er einen Ball vom Trainer zugepasst und umdribbelt die Slalomstangen.
- ❸ Danach spielt er einen Doppelpass mit dem Trainer.
- ❹ Dann erfolgt ein Dribbling durch die Dummys mit anschließendem Torabschluss.

Coachingpunkte:
- Im Strafraum gilt platzierter Torabschluss mit dem Innenseitstoß ins Eck.
- Erster Kontakt in die Spielrichtung.
- Korrekte Ausführung der koordinativen Übungen.

Variation:
- Parcours variieren.
- Bei Torerfolg macht der nachfolgende Spieler 5 Liegestütz.
- Bei Misserfolg macht der Schütze 5 Liegestütz.

Torschuss-Torwart-Challenge	Paris Saint Germain

Organisation:
- 2 Teams à 5 Spieler
- 2 Tore
- Spielfeld errichten.
- Schussgrenze errichten.
- 10 Bälle

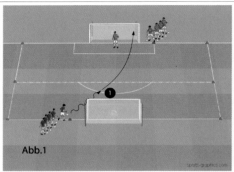
Abb.1

Abb.2

Ablauf:
- **❶** Der rote Spieler positioniert sich im Tor. Der blaue Spieler dribbelt in Richtung Schussgrenze und schießt vor der Schussgrenze auf das Tor von Spieler Rot.
- **❷** Direkt nach dem Torschuss eilt Spieler Blau ins Tor und wird zum Torhüter.
❸ Zeitgleich dribbelt ein roter Spieler vom blauen Starthütchen in Richtung Schussgrenze und schießt aufs Tor.
- Das Ganze wiederholt sich so oft bis ein Team 10 Tore erzielt.
- Das Verlierer-Team macht eine Zusatzaufgabe.
- Tore zählen lediglich vor der Schussgrenze.
- **❹** Der Torhüter holt sich nach dem Torschuss einen Ball und stellt sich am Starthütchen an.

Coachingpunkte:
- Schnelles Umschalten
- Schneller Torabschluss

Variation:
- Die Spieler halten den Ball in der Hand und sprinten in Richtung Schussgrenze. Vor der Schussgrenze lassen sie den Ball auf den Boden springen und machen einen Torabschluss durch einen Dropkick.

Biathlon	**RB Salzburg**

Organisation:
- 3 Tore inkl. Torhüter
- 3 blaue Starthütchen
- 4 Slalomstangen
- 3 Schießstationen (6 x rote Hütchen)
- 9 Bälle

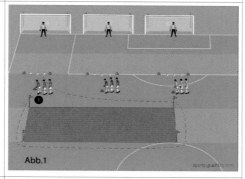

Abb.1

Abb.2

Abb.3

Ablauf:
- ❶ Die Spieler sprinten vom Startpunkt um die roten Stangen bis zu ihrer Schießstation.
- ❷ Beim Zielschießen müssen alle 3 Bälle im Tor untergebracht werden.
- ❸ Pro Fehlschuss muss der Spieler 1 Strafrunde laufen. Eine Strafrunde bedeutet ein Sprint vom Starthütchen zum Torpfosten und zurück.
- ❹ Nach 1 Runde klatscht der Spieler am Startpunkt mit dem nächsten Spieler seines Teams ab.
- Nach seinem Lauf geht der Spieler zum Schießstand und positioniert die 3 Bälle neu.
- Das Team, das zuerst 12 Runden absolviert hat gewinnt, einen Satz. Gewonnen hat das Team, das zuerst 3 Sätze für sich entscheidet.

Variation:
- Minitore anstelle von Toren inkl. Torhüter
- Spieler absolvieren die Biathlonstrecke mit Ball. Einen Parcours zwischen den ersten 3 roten Stangen einbauen (bspw. Slalomparcours, Koordinationsleiter, Jonglier-Strecke, etc.).

9. Spielformen

Umschalten 1 vs. 1	Ajax Amsterdam
Organisation: - 3 Gruppen à 4 Spieler einteilen - 3 Korridore mit 12 Hütchen errichten. - 3 Minitore - 9 Bälle	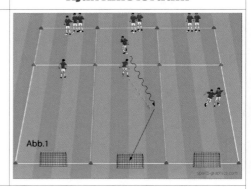 Abb.1

Ablauf:
- Die Spieler spielen 1 vs. 1 in einem Korridor auf das Minitor.
- Der verteidigende Spieler wartet hinter den roten Hütchen. Der ballführende Spieler startet ein 1 vs. 1 gegen den verteidigenden Spieler. Dabei versucht er ein Tor zu erzielen. Nach dem Torabschluss, einer Balleroberung oder bei verlassen des Korridors wird der angreifende Spieler zum Verteidiger.
- Daraufhin startet der nächste Angreifer.

Coachingpunkte:
- Schnelles Umschalten von Angriff auf Abwehr.
- Ballführende Spieler versucht im Tempo am Abwehrspieler vorbeizukommen.

Variation:
- Bei Torerfolg bleibt der verteidigende Spieler Verteidiger und der angreifende Spieler stellt sich am Starthütchen an.
- Tore inkl. Torhüter anstelle der Minitore

8 vs. 8	**FC Barcelona**

Organisation:
- 2 Teams à 8 Spieler
- 1 Feld errichten
- 1 Ball
- 4 Minitore

Ablauf:
- Beide Teams spielen 8 gegen 8 im Spielfeld.
- Der Trainer bestimmt ein Tor, das gesperrt ist. Ein gesperrtes Tor bedeutet, dass bei diesem Tor keine Treffer zählen.
- Erzielt ein Team einen Treffer auf einem der drei nicht-gesperrten Tore, dann bekommt es einen Punkt. Anschließend wird dieses Tor zum gesperrten Tor. Die Spielfortsetzung nach dem Torerfolg findet neben dem Minitor per Einspiel statt.
- Das Team, das zuerst 10 Punkte erzielt gewinnt.
- Das Verlierer-Team macht eine Zusatzaufgabe.
- Landet der Ball im Aus, dann findet die Spielfortsetzung per Einwurf oder Einspiel statt.

Coachingpunkte:
- Schnelles Umschalten
- Gegenpressing: „Sofortige Rückeroberung des Balles nach Ballverlust."
- Deckungsschatten lösen.
- Kommandos: „Gegenseitiges Coachen."

Variation:
- Spielfeldgröße verändern
- Pflichtkontakte oder Kontaktbegrenzung bestimmen.
- Spieleranzahl ändern
- Nach 8 Pässen innerhalb eines Teams dürfen die Spieler auf die Minitore abschließen.

Impressum:

Andre Rott, Am Dattenberg 6, 74930 Ittlingen

Made in the USA
Coppell, TX
21 February 2022

73878979R00019

The MamaMap

Workbook

Activity Guide for The Brown Mama Mindset

Cover design by Soleil Meade & Muffy Mendoza
Edited by Muffy Mendoza

This workbook is dedicated to every Mama who's ever browsed a bookstore looking for something just for her, and left empty handed. May my sistahs find solace, solidarity and home in these pages.

why you need
The Mama Map Workbook

Nobody tells us motherhood is this complicated sis. No one informs us of the emotional highs and lows we experience between our child's infancy and young adulthood, or of the lengths we have to stretch our personas in order to accommodate all of the lifestyle changes, hard decisions and choices we must make during that time. Even worse, no one educates us on the constant feelings of uncertainty and failure that now inhabit our every thought.

In conjunction with The Brown Mama Mindset, The Mama Map Workbook is designed for us to work out all these feelings of insecurity and failure that many of us have experienced during our motherhood journey. This workbook addresses it all and challenges us Mamas to experience a real mindset shift.

In these pages you will release stagnate habits and develop life-watering routines. You will get real about what you want and become accountable for who you are. In the Mama Map Workbook you will activate a new, shiny, more whole YOU!

Looking Forward,

Muffy

Muffy Mendoza is a mama motivator, speaker, author and founder of Brown Mamas., an organization that intentionally works to improve life outcomes for thousands of Black mothers everyday.

Chapter One: Time Race

TIME IS...

RELATIVE

REMEMBER THIS

The future is, literally, a figment of your imagination. It is a set of stories you tell yourself about things that may, or may not, happen. In reality, all that matters is what is **now**, and what has been. Those two realities are all that is determining your future anyhow.

- The Brown Mama Mindset

Invitation: Get off the Treadmill!

Mama, ain't nobody stressing you out, but you! Oftentimes, when moms experience life stress we begin to analyze and imagine ourselves in such a perilous situation that we can't see our way out. In this Mama Map Assignment we are going to work on the way you experience time.

Any day this week that you feel anxious, worried, or rushed you're going to color the clock orange. Then, you are going to use nouns (not adjectives) to explain **what** made you feel that way on the line. Next, you're going to ask yourself if what you are imagining is real. Has it actually happened? Did he/she actually do/say that? Or, are you stressing over what you believe might happen or what you THINK is inevitable.
Circle you're answer.

_____

REAL   FAKE

_____

REAL   FAKE

_____

REAL   FAKE

_____

REAL   FAKE

Chapter Two: Nourished Roots

ROOT

RECOVERY

REMEMBER THIS

If you want to live a life of little regret, of joy and
of being rooted in feeling good on the inside so
that your very presence is illuminating on the
outside, you must learn to do what is essential
FIRST.

- The Brown Mama Mindset

invitation: *be human*

Mama, you are not a human doing, you are a human being! The more time you focus on BEcoming the unique form of energy that God destined you to be the closer you get to it.

How do you get closer to the real you? Meditation, giving, prayer, play, friendship, romance, and kindness are just a few of the ways you will get there.
Although they are different for everyone, these behaviors are essential for growth.

So, let's get it Mama! In the circle below, using the target as your guide, you are going to make your essential list. The middle of the target represents the behaviors that you must absolutely engage in to feel centered and be on a growth trajectory. With that understanding prioritize a list of activities that you must do to keep your roots nourished everyday. **DO NOT** include chores, jobs, work, things you must do for others. Only include behaviors, thoughts, feelings, activities that make YOU feel good.

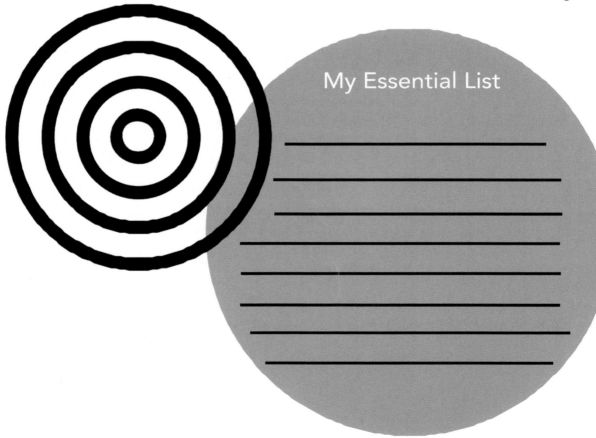

My Essential List

_____

_____

_____

_____

_____

_____

_____

Chapter Three: Stop Losing Your Keys

PAY
ATTENTION

REMEMBER THIS

While you're failing to remember your keys and unlock your doors, someone is getting a key made, checking it twice and walking through the door of your destiny.

- The Brown Mama Mindset

---

invitation: Become a Key Master

We've got to unlock the doors hidden in your life Mama. We are going to do that by getting to the root of the 'why' in your life. Oftentimes these answers are locked up in the people around us. By examining the who, what and where of our lives a road map is created that leads us to answer the age-old question: why am I here?

1. **What is your most memorable childhood lesson? Who taught it to you?**

2. **What place do you have the fondest memories of as a child? Who went to that place with you? Why was it so important?**

3. **What characteristics did you gain in childhood that positively impact your life now? Who passed those skills/characteristics to you?**

4. **Talk about a time in your life when you felt most whole. Who was there? Where were you? When did it happen?**

5. **In the deepest part of your soul, what do you think your purpose is? How has your past influenced this?**

SPEAK

LIFE

REMEMBER THIS

Every thought you think and every word you speak
is an affirmation. All our self talk is a stream of
affirmations. You are affirming and creating life
experiences with every word and every thought
whether you know it or not.

- Louise Hay

Who do you want to be Mama? Not what do you want to have. Not how do you want to live, but WHO do you need to be in order to get the things you want. What characteristics must you exemplify in order to be loved love in relationships the way you need to loved and be the person who is constantly drawing good experiences toward her.

Think about it for 10 minutes.

Now, let's write it down. Today, you are going to create your very own Brown Mama Mantra. Only three rules. One, only use I am statements. (i.e. I am blessed. I am kind. I am forgiving. I am rich.) Two, only positive statements. Three, sign your mantra and say it everyday!

AFFIRMATIONS OF MAMA

Signature _____

BE

OPTIMISTIC

REMEMBER THIS

Everything you've ever wanted is
waiting on the other side of your decision to
consistently chose joy.

- The Brown Mama Mindset

In order to begin expanding your joy reservoir you must first learn how to be optimistic. The currency of optimism is your ability to look on the bright side of your circumstances. We are going to practice leveling up our emotions using the charts below. At least 3 times this week, I want you to track and be aware of your emotions and begin to deliberately practice moving to the next best emotion.

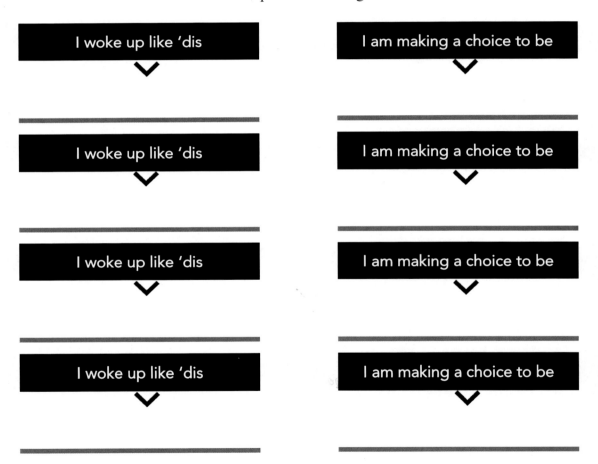

I woke up like 'dis	I am making a choice to be
I woke up like 'dis	I am making a choice to be
I woke up like 'dis	I am making a choice to be
I woke up like 'dis	I am making a choice to be

Chapter Six: Be Pretty

EXPRESS

YOURSELF

REMEMBER THIS

Everything physical, has an equal mental, emotional and spiritual vibration. Those feelings, thoughts and actions play themselves out in your life everyday.

- The Brown Mama Mindset

invitation:
define your *Unique Feminine Fingerprint*

How does your internal persona manifest on the outside of your life? Defining your unique feminine fingerprint is all about creating a style that is not only visually appealing, but is also an outward reflection of your inner confidence and substantive value.

This week, we are going to focus on your style. Take two pictures this week. One pic of an area (corner, item, etc.) in your home that is a reflection of your personal style. Take another pic of one yourself in one item of clothing (i.e. a scarf, pair of shoes, etc.) that perfectly describes your personal style. Get the picture printed at your local drug store and glue them to this page. Use this page as your guiding light in defining your unique feminine fingerprint.

Chapter Seven: The Little Things

LOVE

HOME

REMEMBER THIS

A home is made up of all the small movements
you've made over a lifetime, not shopping trips.

- The Brown Mama Mindset

~ invitation ~

Is there a corner, shelf, picture or any area in your house that so perfectly accents a memory or sparks the remembrance of an experience in your life. This invitation is for you Mama, but it is also for your kids. On the lines I invite you to write about this quintessential space in your home and put a picture of it in the box. Do this so that your loved ones remember the memories of your home and not the stuff.

_____

_____

_____

_____

_____

15

Chapter Eight: Make it Smell Good

LET THERE BE

FOOD

REMEMBER THIS

It does not matter how warm your home is if you are killing its inhabitants from the inside out.

- The Brown Mama Mindset

invitation: *heal your home*

Every Brown Mama should have at least one dope meal in her arsenal. Use the recipe page below to record yours. You can use a recipe you've already mastered and want to preserve for future generations, or visit your local library, get a cookbook and get to work.

Title: _____ **Prep Time:** _____

Notes: _____ **Total Time:** _____

Ingredients

_____

_____

_____

_____

_____

Directions

_____

_____

_____

_____

Chapter Nine: God Space

PUT FIRST THINGS

FIRST

REMEMBER THIS

Your home is the foundation of your life. You will
not go very far if you do not master your
responsibilities there first.

- The Brown Mama Mindset

~ invitation ~

get ya homelife, sis!

Go to p. 267 in The Brow Mama Mindset and read "An Homage to Home". Now, we are going to take you through three steps to find your God Space.

1 Dream.

Go to a local home goods or home improvement store and dream! What section were you drawn to? What projects did you think about doing first? Did you buy anything? If you could have brought one thing, what would you buy? Write about it.

2 Focus.

Remember what you are grateful for about your house. Focus on the spaces in your home that you absolutely love. Sit in a room and read a book. Start a small project. Think about the spaces that you like to be in, or that have the most potential in your home. Write about them.

3 Write.

Use the notes section below to write a letter to your home. Consider all the ways you've honored and dishonored yourself and your home by neglecting it. Talk about what you love and hate about your home. Write about your hopes and dreams for your home and how you plan to show it love and attention in the future.

Chapter Ten: Rituals & Routines

BE

POWERFUL

REMEMBER THIS

A ritual is simply a routine with intention and faith behind it.

- The Brown Mama Mindset

---

invitation:  Create

Mama, what do you like? What makes your toes curl and delights all of your senses? Your favorite color or favorite scent. Do you like to feel warm, or more like a crisp fall day? Let's take all those little details and curl them up into a ritual that will make you feel good on the inside. On the lines below you are going to list your favorite things. Then, we'll spend the next week examining all your routines until we find the space where you can insert your very first ritual.

My Favorite Things

my favorite song is _____

_____

my favorite scent is _____

_____

my favorite color is _____

_____

my favorite life-giving food/drink is _____

_____

my like to feel

_____

_____

Describe your ideal experience using all of your favorite things from above.

22

invitation:

Where is your ritual hiding at sis? What are your daily habits that are ruling your life instead of you ruling them? This week we are going to assess your time in order to find your routines and create your intentional and empowering rituals. Do you drink tea everyday? Do you walk to work twice a week? Do you curl your hair every Sunday? Your ritual is hiding in those small habitual daily routines. It is there that you will place your self-nourishing rituals that will assist in the making the mindset shift toward wholeness. Each day write your routines in the mini-calendars below.

Monday

Wednesday

Friday	Sunday

Now, pick one of the activities that you did at least twice this week and add your favorite things to it. THAT is your ritual. Write it down here.

Chapter Eleven: Blame Game

BE

LOVE,

then be loved

REMEMBER THIS

Examine and make right
the paths in your
own heart and mind.

- The Brown Mama Mindset

---

invitation:  Be Love

Who would you be if you were loved the right way sis? If you had the dream mate, what kind of flowers would bloom in your soul? How would you change mentally, spiritually, physically, even? Who would you be if you were loved right? Use the lines below to right down the characteristics that you'd develop in an ideal relationships. We'll be coming back to this activity later.

Food for Thought:
Love is not attracted to you because you want it, but because you are it.

Chapter Twelve: Insecure

TRUST

YOURSELF

REMEMBER THIS

Everything good you've ever wanted in your life is sitting on the other side of riding yourself of systemic insecurity.

- The Brown Mama Mindset

---

invitation:

It's time to get real with YOU! Reality is, you can't trust yourself until you are honest with yourself. In the next 7 days you are going to dig deep to get to the root of your insecurity.

Reality is, YOU ARE ENOUGH. YOU have enough. YOU are capable of creating the life you want with positive thoughts and by creating a supportive environment.

A sure fire sign that you are operating in insecurity is having feelings of scarcity (i.e. not enough time, not enough of me to go around, not enough money). Anytime you feel insecure you are going to color the shield and begin to dissect your emotions with this reality check. Complete the sentences and end with an affirming 'I AM' statement.

I feel like I don't have enough_____

Because…_____

But in reality_____

Rather than focus on this insecurity, I'm choosing to feel_____

because I am_____

I feel like I don't have enough_____

Because…_____

But in reality_____

Rather than focus on this insecurity, I'm choosing to feel_____

because I am_____

I feel like I don't have enough_____

Because…_____

But in reality_____

Rather than focus on this insecurity, I'm choosing to feel_____

because I am_____

I feel like I don't have enough_____

Because…_____

But in reality_____

Rather than focus on this insecurity, I'm choosing to feel_____

because I am_____

I feel like I don't have enough_____

Because…_____

But in reality_____

Rather than focus on this insecurity, I'm choosing to feel_____

because I am_____

I feel like I don't have enough_____

Because…_____

But in reality_____

Rather than focus on this insecurity, I'm choosing to feel_____

because I am_____

I feel like I don't have enough_____

Because…_____

But in reality_____

Rather than focus on this insecurity, I'm choosing to feel_____

because I am_____

Chapter Thirteen: To Be Loved

BE A

COMPLEMENT

REMEMBER THIS

True love will not complete you,
but it will free the real you.

- The Brown Mama Mindset

---

invitation: love responsibly

Let's get accountable about love Mama. This week's activity will focus on identifying the key characteristics in your current or future mate that will allow you to be the free-loving woman you want to be. Loving responsibly means when your man expresses his harmonious side you allow it to unlock your 180 degrees of complementary. Complete the sentences below with several characteristics.

My man will be....

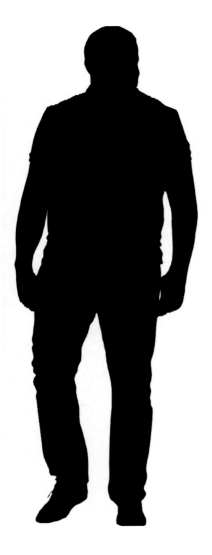

patient

so that I can be

kind

_____

so that I can be

_____

_____

so that I can be

_____

_____

so that I can be

_____

_____

so that I can be

_____

_____

so that I can be

_____

_____

so that I can be

_____

FIRST

TEACHER

REMEMBER THIS

There is no achievement gap in America.
There is only a culture gap.

- The Brown Mama Mindset

Often times we are so busy looking through the glass to see what everyone else has that we forget to look at the very reflection that is staring back at us in the mirror. When it comes to our children, we give too much credit to schools, programs and mentors not realizing how much **we have** to teach and offer our children.

What do you have to teach your child? What skill set, lesson, experiences do you have that you could pass down to your children? Let's figure that out. On the board below, write down the lesson, skill or experience you want to share with your children, and set a deadline to be the first teacher that you are.

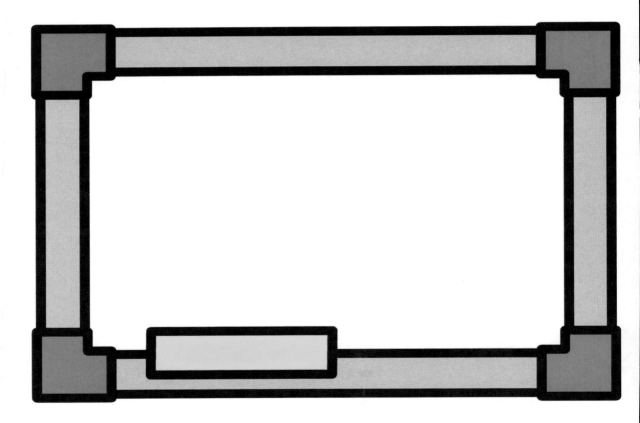

I will pass this down to my child by _____

Chapter Fifteen: Sankofa

LOOK FORWARD,

GIVE BACK

REMEMBER THIS

It is never taboo to go back
and fetch what is lost.

- The Brown Mama Mindset

~ invitation ~

be a beacon

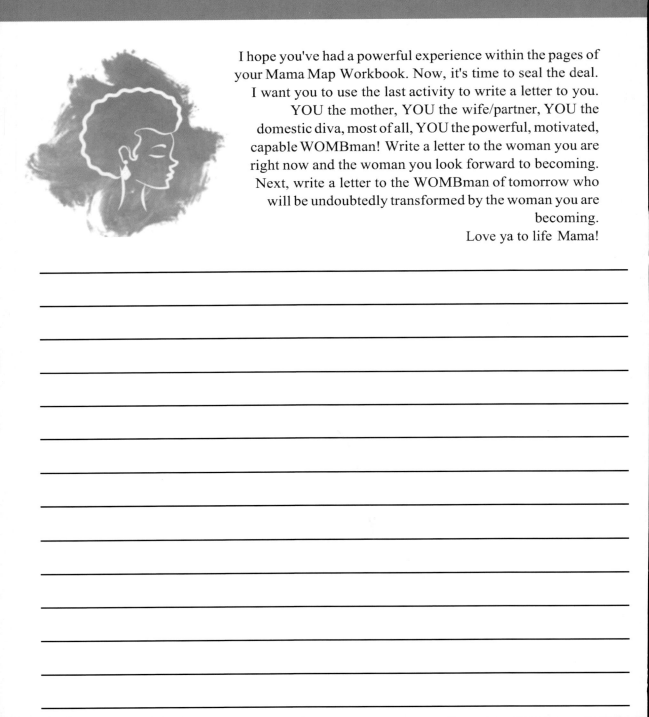

I hope you've had a powerful experience within the pages of your Mama Map Workbook. Now, it's time to seal the deal. I want you to use the last activity to write a letter to you. YOU the mother, YOU the wife/partner, YOU the domestic diva, most of all, YOU the powerful, motivated, capable WOMBman! Write a letter to the woman you are right now and the woman you look forward to becoming. Next, write a letter to the WOMBman of tomorrow who will be undoubtedly transformed by the woman you are becoming.
Love ya to life Mama!

_____

_____

_____

_____

_____

_____

_____

_____

_____

_____

_____

_____

_____

~ invitation ~

If you loved it, your friends, sisters and mother will love it too. The Mama Map workbook is a companion guide for the book, The Brown Mama Mindset. In addition, I have designed a set of Mom Check Cards that are designed to assist moms in asking the life-watering questions that lead to internal growth and external success.

Visit BrownMamas.com and purchase the 3-part set, (The Brown Mama Mindset, The Mama Map Workbook and Mom Check Cards) for $45 with the code: SHARE

Made in the USA
Coppell, TX
21 February 2022

73877280R00026